Dans la collection CARNETS DE SAGESSE :

Collection dirigée par Marc de Smedt et Michel Piquemal
Illustration de couverture : Philippe Roux
Maquette intérieure : Nicolas Trautmann

© 2005, Albin Michel Jeunesse, 22, rue Huyghens – 75014 Paris
www.albin-michel.fr
Loi 49956 du 16 juillet 1949 sur les publications destinées à la jeunesse
Dépôt légal : second semestre 2005
N° d'édition : 13213
ISBN : 2-226-14897-3
Imprimé en France par Pollina S.A. 85400 Luçon n° L97461

Paroles
de Confucius

Textes choisis et présentés
par Cyrille J.-D. Javary

ALBIN MICHEL
CARNETS DE SAGESSE

Confucius,
vieux sage ou maître actuel ?

Confucius, comme Socrate son contemporain, n'a jamais rien écrit de sa main.

Tout son enseignement, rassemblé et compilé par ses disciples avec une étonnante méticulosité, nous est parvenu dans un mince ouvrage intitulé *Entretiens* (*Lun Yu*), peut-être le livre le plus lu du monde.

Cette extraordinaire diffusion tient au fait que Confucius est le personnage le plus transversal de toute l'histoire de la Chine, sa pensée ayant été relayée de dynastie en dynastie en tant que doctrine officielle de l'empire.

Simple sans être simpliste, ses enseignements, dans lesquels le vécu quotidien occupe une place centrale, ont constitué la base morale et sociale de l'élite et du peuple chinois pendant plus de vingt siècles.

Et tout porte à croire qu'elle tient encore ce rôle. Rappelez-vous la frêle silhouette de ce « confucéen », heureusement anonyme, qui, un jour de juin 1989, seul au milieu d'une avenue désertée, stoppait par la seule force de sa conviction morale toute une colonne de chars. Confucius a certainement quelque chose à nous apprendre, un message plus roboratif que celui, lénifiant, réactionnaire et misogyne, auquel les régimes chinois de jadis et naguère ont cherché à le cantonner.

Pourquoi, à vingt-cinq siècles d'écart, la parole de Confucius sonne-t-elle aussi juste ? Peut-être finalement parce que son temps ressemble beaucoup au nôtre. La Chine dans laquelle il vivait était en plein bouleversement. Comme dans notre monde actuel, la dissémination d'outils nouveaux modifiait toute l'échelle des valeurs du monde précédent.

Au Vᵉ siècle avant notre ère, ce qui bouleverse l'organisation sociale chinoise, c'est la généralisation du fer, un matériau qui n'atteindra l'Occident qu'au cours du Moyen Âge. Or avec du fer, on forge des charrues puissantes et des épées mordantes. Les premières, décuplant les rendements agricoles, provoquent une importante croissance démographique, qui, en retour, va modifier la manière de faire la guerre avec les secondes.

Aux joutes gracieuses des nobles chevaliers de l'époque féodale va succéder le choc brutal des fantassins multipliant, par leur nombre, la froide efficacité de leurs épées en fer. Comme aujourd'hui, une population très nombreuse devint gage de puissance en même temps que source de difficultés, car, pour simplement l'administrer, la petite noblesse de jadis, dont Confucius est lui-même issu, n'y suffit plus.

En ouvrant, cinq cents ans avant notre ère, la première école privée du monde, il va être à l'origine d'une classe nouvelle : celle des lettrés qui gouverneront l'empire jusqu'à la république de 1911.

« J'offre mon enseignement, disait Confucius, à quiconque me rémunère ne serait-ce que de quelques lamelles de viande séchée. » (*Lun Yu*, chapitre II, fragment 7) Le propos paraît anodin, mais replacé dans le contexte de l'époque, il est révolutionnaire. Dans une société féodale, seuls les fils de nobles ont droit à l'instruction. En proposant son enseignement sans discriminations, Confucius proclame une opinion novatrice : la seule noblesse qui compte à ses yeux n'est pas celle du sang, mais celle du cœur.

Or si la première se reçoit, la seconde s'acquiert. Elle est donc ouverte à tous. Son apprentissage, que Confucius appelle « l'étude », n'a rien à voir avec un savoir livresque : c'est un constant souci de s'améliorer, de servir son pays et de contribuer à y améliorer les rapports entre les êtres humains. C'est pourquoi Confucius donnera aussi à cet idéal le nom d'« humanité ».

Les *Entretiens* ne se présentent pas sous la forme d'une construction rhétorique ; c'est un ensemble, apparemment désordonné, de conseils simples et directs, enracinés dans la réalité humaine, cette pâte dont Molière fit son terreau et Montaigne son miroir.

Les propos de Confucius ne sont pas des principes, plutôt des invites. À partir de bases solides, ils ouvrent l'esprit à tout un éventail de conclusions possibles. À un disciple qui, lors d'un sacrifice en l'honneur d'ancêtres défunts, lui demandait : « Les morts que nous honorons sentent-ils l'odeur des offrandes que nous disposons pour eux ? », Confucius répondit : « Ne suffit-il pas que nous soyons réunis en leurs noms ? » Et à ce disciple laissé insatisfait par cette réponse en forme de question qui revenait à la charge en demandant alors : « Le Ciel existe-t-il ? », Confucius répliqua cette fois après avoir cogné le sol de son talon : « La terre est un fait. »

Et rien de plus. À chacun d'entre nous de compléter cette remarque. Vivant sur terre en compagnie d'autres humains, notre devoir est, avant de nous poser des questions métaphysiques, d'atteindre l'harmonie dans les rapports entre chacun. Cet objectif atteint, chacun est libre de s'élever au niveau de spiritualité qui lui convient.

Le malheur de Confucius sera le confucianisme, cette caricature de son message rapetissé à un respect obséquieux de la hiérarchie, que favoriseront au cours de l'histoire des dynasties autoritaires et rigides. Comme pour d'autres grandes figures, il vaut mieux revenir à la source elle-même. On y trouvera notamment cette insistance, si nécessaire à notre époque rongée par le fanatisme et l'intégrisme, à ne jamais s'ériger en juge des autres.

Le discernement concerne les actes, pas les gens. Distinguer entre le bien et le mal n'entraîne aucune condamnation, mais aide le confucéen à s'améliorer. De ceux qui se conduisent bien, on apprend à bien se conduire, de ceux qui se conduisent mal aussi sans à aucun moment vouloir punir ou instruire. Seule compte la perspective personnelle d'une amélioration constante, laissant au pouvoir communicatif de la vertu le soin d'améliorer les choses.

Le projet paraît un peu utopique, certes, mais les utopies ne sont-elles pas ce qui finit par faire avancer le monde ? L'important est moins dans ce qu'on fait que dans ce qu'on *en* fait. Confucius le dira sans barguigner : « Commettre une faute et ne pas s'en corriger, c'est là la vraie faute ! »

Cyrille J.-D. JAVARY

Quelqu'un dit un jour à Confucius :
— Ce n'est pas que je n'aime pas votre doctrine,
mais elle dépasse mes forces.
Confucius répondit :
— Qui est à bout de forces
peut toujours s'arrêter à mi-route.
Toi, tu as renoncé d'avance.

Même si cela paraît impossible,
il faut quand même persévérer.

Un jour, au cours de ses voyages, Confucius trouva en flammes la ville où il comptait faire étape. Il fut donc obligé de poursuivre sa route au travers des landes désolées du pays de Chen sans pouvoir se ravitailler.

Certains disciples tombèrent malades à ne plus pouvoir tenir sur leurs jambes.

L'un d'eux, fort en colère, vint trouver Confucius et lui dit :

– Comment se peut-il que des hommes de bien puissent tomber dans une telle détresse ?

Confucius lui répondit :

– Bien sûr que des hommes de bien peuvent tomber dans la détresse, mais eux savent l'affronter. C'est l'homme de peu d'envergure qui en pareilles circonstances se laisse démonter.

La vie d'un être
ne vaut que par la droiture.
Sans droiture, elle ne tient
qu'au hasard.

Sévérité envers
soi-même, indulgence
envers les autres.

Ne vous souciez pas de n'être pas remarqué,
cherchez plutôt à faire quelque chose
de remarquable.

Un confucéen ne souffre pas d'être ignoré, il souffre de son ignorance.

Un disciple demande :
– Comment convient-il
de servir les esprits ?

Confucius répond :
– Quand déjà on ne sait
comment servir les hommes,
on ne se soucie pas de servir
les esprits !

Seuls les plus intelligents
et les plus stupides
ne changent pas d'avis.

Les rites de deuil sont là
pour fatiguer la douleur.

Dans les affaires du monde, l'homme de bien
n'a pas une attitude rigide de refus
ou d'acceptation. Le juste est sa seule règle.

Je ne suis jamais inconditionnel
sur ce qu'il est possible
ou impossible de faire.

鈴轄公像

世服公像 四世
譯文冕

Un disciple demande :
– Maître, y a-t-il une idée
qui pourrait servir de guide pour toutes
les circonstances de la vie ?

Confucius répond :
– Ne jamais faire aux autres
ce qu'on n'aimerait pas qu'ils
nous fassent.

Un confucéen

ne conseille

pas aux autres

de faire quelque chose

qu'il ne fait pas lui-même.

Étudier une règle de vie et l'appliquer
au moment opportun, n'est-ce pas là
une grande satisfaction ?

Avoir des amis qui viennent de loin
pour vous voir, n'est-ce pas là une grande joie ?

Être méconnu et n'en concevoir aucune
rancune, n'est-ce pas là une grande force ?

Chacun
suit sa pente ;
l'être mesquin
en la descendant,
le confucéen
en la remontant.

Je n'ai jamais
rencontré quelqu'un
qui aimât la vertu
autant que le sexe.

Si tu vois quelqu'un
de valable, cherche
à lui ressembler ;
si tu vois quelqu'un
de médiocre, cherche
en toi en quoi tu lui
ressembles.

琅玕瑤翠玉笋斑斑
抗此清福蜀山必南
予得李文潔愛其清潔因
季瑗昆仲囬署內
堂上兩老人今六十之壽題
獻之辛酉夏曹煕

Un disciple demande :
– Rendre le bien pour le mal,
qu'en pensez-vous ?
Confucius répond :
– Si vous récompensez le mal
par le bien, par quoi récompenserez-
vous le bien ? Récompensez le bien
par le bien, et le mal par la justice.

阿某於三代金
文皆能造其極
眇至其取敦盤
寧術以入鄭羲
碑可謂後無來
者

裴將为
季媛題屯

Commettre une faute
et ne pas s'en corriger,
c'est cela la vraie faute !

*Confucius dit
à un de ses disciples :*
– Je vais te dire ce qu'est
le savoir. Le savoir, c'est
connaître ce qu'on sait
et reconnaître ce qu'on
ne sait pas.

Un disciple demande :
— Qu'entendez-vous par les quatre défauts
dans l'art de gouverner ?
Confucius répond :
— Punir de mort au lieu d'instruire, c'est de la
tyrannie. Attendre qu'un travail soit fait sans

donner de délai, c'est de l'oppression.
Être lent à émettre des ordres et prompt
à exiger leur exécution, c'est de l'arbitraire.
Donner à quelqu'un son dû tout en le faisant
avec parcimonie, c'est de la mesquinerie
de petit employé.

Il est honteux
de demeurer pauvre
et obscur dans un pays
bien gouverné.

Il est honteux
de devenir riche
et honoré dans un pays
mal gouverné.

图识之
康熙辛卯
王原祁

Un disciple demande :
– Qu'est-ce qu'un bon gouvernement ?
Confucius répond :
– Quand les proches approuvent
et que les distants s'approchent.

Ne crains pas
de ne pas être
connu des autres ;
crains plutôt
de ne pas les
connaître.

Il est facile de bien servir un
confucéen, mais difficile de le flatter.
Essayez de lui plaire par des
compliments, cela ne lui plaira pas.
En revanche il n'exigera de vous
que ce que vous pouvez réaliser.

Il est difficile de servir un être mesquin,
mais facile de lui plaire. Essayez de le
flatter, cela lui plaira beaucoup. Mais
ses exigences alors seront sans limites.

酾酒臨
江釃酒臨
江固橫槊賦
詩固一世之雄

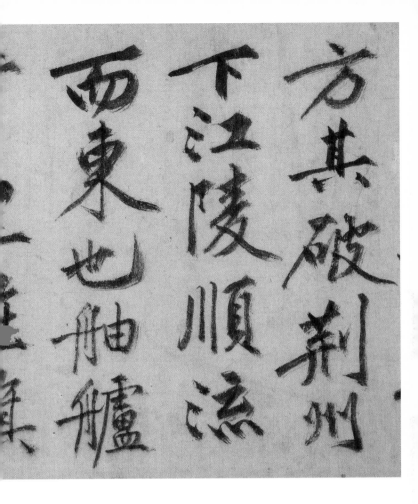

Au tir à l'arc, quelle vanité
de vouloir transpercer la cible !
Il y en aura toujours un de plus
fort que toi. Ce qui compte,
c'est la rectitude du geste.

Pratiquer la Bienveillance,

c'est commencer par soi-même.

Puiser l'idée de ce que l'on peut faire

pour les autres, voilà ce qui met

sur la voie de la Bienveillance.

SOURCES DES TEXTES :

- **page 10** : chapitre VI, fragment 12 in *Les Entretiens de Confucius*, traduction P. Ryckmans, Gallimard, 1987 et chapitre XIV, fragment 38, adaptation C. J.-D. Javary
- **page 12** : XV, 2, adaptation C. J.-D. Javary
- **page 14** : VI, 17 in *Entretiens de Confucius*, traduction A. Cheng, Le Seuil, 1981 et XV, 15 in *Les Entretiens de Confucius*, traduction P. Ryckmans, Gallimard, 1987
- **page 16** : IV, 14 in *Les Entretiens de Confucius*, traduction P. Ryckmans, Gallimard 1987 et XV, 19, adaptation C. J.-D. Javary
- **page 19** : XI, 12, adaptation C. J.-D. Javary
- **page 20** : XVII, 3 et XIX, 14, adaptation C. J.-D Javary
- **page 22** : IV, 10 in *Entretiens de Confucius*, traduction A. Cheng, Le Seuil, 1981
- **page 23** : XVIII, 8 in *Entretiens de Confucius*, traduction A. Cheng, Le Seuil, 1981
- **page 25** : XV, 24 ; II, 13, adaptation C. J.-D. Javary
- **pages 26 et 27** : I, 1, adaptation C. J.-D. Javary
- **page 28** : XIV, 23, adaptation C. J.-D. Javary
- **page 30** : IX, 18 in *Les Entretiens de Confucius*, traduction P. Ryckmans, Gallimard, 1987
- **pages 32 et 34** : IV, 17 et XIV, 33, adaptation C. J.-D. Javary
- **page 37** : XV, 29 et II, 17, adaptation C. J.-D. Javary
- **pages 38 et 39** : XX, 2 in *Entretiens de Confucius*, traduction A. Cheng, Le Seuil, 1981
- **pages 40 et 41** : VIII, 13 in *Les Entretiens de Confucius*, traduction P. Ryckmans, Gallimard, 1987
- **page 43** : XIII, 16, adaptation C. J.-D. Javary
- **page 44** : I, 16, adaptation C. J.-D. Javary
- **page 46** : VIII, 25, adaptation C. J.-D. Javary
- **page 49** : III, 16 in *Entretiens de Confucius*, traduction A. Cheng, Le Seuil, 1981
- **page 51** : VI, 28, adaptation C. J.-D. Javary.

CRÉDITS PHOTOGRAPHIQUES :

- **page 11** : portrait de fonctionnaire © Photo RMN / T. Ollivier
- **page 13** : À l'heure où la brume descend et les ombres s'allongent, paysage XVIᵉ siècle, Wen Cheng Ming (1470-1559) © Photo RMN / T. Ollivier
- **page 15** : rouleau vertical : feuille de bananier, Xu Wei (vers 1521-vers 1593) © Guimet, Dist RMN / Ghislain Vanneste
- **pages 16 et 17** : Les génies se réunissent au-dessus de la mer, Ma Lin (XIIIᵉ siècle) © Photo RMN / Michel Urtado
- **pages 18 et 19** : album des faucons, Gao Qipei (1672-1734) © GUIMET, Dist RMN / Ghislain Vanneste
- **page 21** : Les grands Empereurs des cinq Pics accompagnant le grand Empereur de la littérature et ses assistants ; cinq Rois des Montagnes © Photo RMN / Droits réservés
- **pages 22 et 23** : paysage, 1916 © Photo RMN / Jean-Yves et Nicolas Dubois
- **page 24** : portrait du Vénérable Qian Xia (quatrième génération) © Photo RMN / T. Ollivier
- **pages 26 et 27** : deux grues au bord d'un étang © Photo RMN / Daniel Arnaudet
- **page 29** : les monts Jingting en automne ou première peinture exécutée après une maladie, paysage à la cascade, Daoji Shitao Yuanji (1641-1707) © Photo RMN / Daniel Arnaudet
- **page 31** : fleurs de pruniers, Xian Hao © Photo RMN / T. Ollivier
- **page 33** : jades rouges et verts Li Ruiqing (1876-1920) © Photo RMN / T. Ollivier
- **page 35** : bambous © Photo RMN / Droits réservés
- **page 36** : calligraphie : composition en quatre caractères, peinture (rouleau), Li Ruiqing (1876-1920) © Photo RMN / T. Ollivier
- **pages 38 et 39** : Les envoyés tartares présentant leurs chevaux à l'Empereur Qianlong daté 1757, Castiglione Giuseppe (1688-1766), Père Castiglione (dit) © Photo RMN / Droits réservés
- **pages 40 et 41** : rouleau d'inspection de l'empereur Kangxi dans le Sud, Wang Hui (vers 1632-vers 1720) Yang Jin (vers 1644-vers 1726) Gu Fang (actif vers 1700) © Photo RMN / Michel Urtado
- **pages 42 et 43** : paysage, Wang Yuanqi (vers 1642-vers 1715) © Photo RMN / Droits réservés
- **page 45** : album « Dix femmes célèbres », Sun Huang (XVIIIᵉ siècle), © Guimet, Dist RMN / Droits réservés
- **page 47** : portrait d'une impératrice sur son trône © Photo RMN / Droits réservés
- **pages 48 et 49** : rouleau horizontal calligraphié, « Première ode à la falaise rouge », Shen Zhou (vers 1427-vers 1509) © Guimet, Dist. RMN / Droits réservés
- **pages 50 et 51** : frêle embarcation au pied d'un massif escarpé, Chen Chun (1483-1544) © Photo RMN / T. Ollivier

Tous les tableaux figurant dans ce livre se trouvent à Paris, au musée Guimet, musée national des Arts asiatiques.